joker

Thomas F. Paha

Latin Hits
für Orff & Co.

Metzler

joker

Latin Hits für Orff & Co.

Herausgegeben von Thomas F. Paha

Als Begleitmaterial ist eine CD erhältlich:
Best.-Nr. **3-507-07419-2**

Hörbeispiel xx

Verweis auf Hörbeispiele auf o. g. CD

www.schroedel.de

Redaktion: Suzanne Richter
Herstellung: Sabine Schmidt
Umschlag- und Layoutgestaltung: Janssen Kahlert, Hannover
Noten-und Textsatz: prima nota, Korbach
Druck: oeding druck, Braunschweig

ISBN 3-507-07403-6

Vorbemerkungen

von Thomas F. Paha

In jeder Schule stehen sie in den Schränken: Xylophone, Metallophone, Glockenspiele. Wenn sie nicht gerade vor sich hinschlummern, dienen sie in der Regel dazu, Lieder zu begleiten oder Szenen zu vertonen. Aber so richtig zeitgemäß und »groovy« klingt das nie. Was fehlt, sind einfache, nachspielbare Hits!
Lateinamerikanische Musik liefert diese:

- Die kurzen, eingängigen Melodiefolgen ermöglichen ein zügiges Einstudieren.
- Da die Stücke bekannt sind, werden sie gern nachgespielt.
- Der perkussive Sound klingt authentisch.

Im vorliegenden Heft sind zehn Latin Hits, allesamt »Ohrwürmer«, die *im Klassenverband* musiziert werden können, abgedruckt.

- Die *Mitspiel-CD* (Bestell-Nr. 07419) hilft euch beim genauen Kennenlernen der Melodien und motiviert zum Mitspielen.
- Die zehn Mitspieltitel auf der CD wurden von einer Big-Band bzw. Combo eingespielt. Jede Einzelstimme in diesem Heft ist aus den CD-Arrangements herauszuhören und gibt den Mitspielerinnen und Mitspielern Halt.
- Neben den Mitspiel-Arrangements sind auf der CD die Stücke auch im Original oder einer bekannten Version enthalten.
- Jedes Stück ist in *Form-Abschnitte* eingeteilt. Diese können zusammenhängend oder für sich allein gespielt werden.
- Die *Besetzung* kann frei gestaltet werden, je nach vorhandenem Instrumentarium. Die vorgeschlagene Instrumentierung gilt für Idealbedingungen. Saiten- und Blasinstrumente können die einzelnen Stimmen ergänzen.
  Am wirkungsvollsten klingen die Arrangements, wenn die Bass-Stimmen mit Kontrabass-Stäben gespielt werden.
- Zu jedem Stück gibt es eine *Partitur* sowie *Einzelstimmen.*
- Vier verschiedene *Rhythmus-Begleitungen* sind auf die Stücke abgestimmt. Sie können gesondert zur Mitspiel-CD oder zum Stabspiel-Orchester gespielt werden.
- Je nach Anspruch können die Stücke einstimmig oder mehrstimmig eingeübt und aufgeführt werden.
- Die Stücke sind nach aufsteigendem Schwierigkeitsgrad angeordnet.
- Auf der Mitspiel-CD sind die Tempi der einzelnen Stücke so gewählt, dass ihr sie nach einer Übephase mitspielen könnt.
- Alle Stücke können auch ohne die Mitspiel-Versionen der CD gespielt und aufgeführt werden. Eine sparsame *Gitarren- oder Klavierbegleitung* wird zur metrischen Stabilität empfohlen.

Inhalt

Methodische Tipps

Sing & play

Obwohl die Melodien auf den ersten Blick sehr eingängig scheinen, zeigen sich beim genauen Betrachten die rhythmischen Finessen. Damit ihr trotz Synkopen und Triolen möglichst schnell zum Musizieren kommt, empfiehlt es sich, dass ihr die Melodien zuerst singt. Aufgrund der schwierigen und ungewohnten Aussprache eignet sich die spanische Originalsprache ebenso wenig wie die zum Teil vorhandenen deutschen Versionen. Darum könnten die Melodien auf *Klangsilben* gesungen oder *eigene Liedtexte* (siehe Seite 6) erfunden werden. Je sicherer der Melodie-Rhythmus beim Singen zur Mitspiel-CD oder zur Klavier-/Gitarrenbegleitung einstudiert wurde, desto schneller und eigenständiger gelingt die Melodie-Erarbeitung auf den Stabspielen.

Beispiel: »La Bamba« singen
(Strophe ‖: Wir machen heut' ›La Bamba‹,
dabei ist uns egal, was die andern tun;
Denn wir lieben ›La Bamba‹!
Wir wollen musizieren statt auszuruh'n! :‖

Try & play

Das erste Motiv der Strophe oder des Refrains ist der Ausgangspunkt für das Musizieren auf den Stabspielen. Für wenig Geübte hat sich eine kompakte *Notennamen-Notation* bewährt:

Beispiel »La Bamba« (Xylophon 1), Strophenteil (Takt 9–18):

Motiv 1 (T. 9 + 10)	** C'' (4x) C'' H G*
Motiv 2 (T. 11 + 12)	** C'' (4x) C'' H G G G G A*
Motiv 3 (T. 13 + 14)	*Fis A C'' H A H G*
Motiv 4 (T. 15 + 16)	*= Motiv 2*

Das Zeichen * bedeutet »Pause«.

Immer zwei bis maximal vier Schülerinnen und Schüler erhalten ein Stabspiel: Dabei spielt es keine Rolle, ob mit einem Xylophon, einem Metallophon oder einem Glockenspiel musiziert wird. Abwechselnd und mit Hilfe des Teams erarbeiten *alle* die einzelnen Motive der Melodie *selbstständig* und in kurzer Zeit. Die »griffige« Notation und die Kenntnis des Melodie-Rhythmus ermöglichen dies.

Alternativ dazu können die Motive auch mehrmals »auf Notennamen« gesungen und dann auf den Instrumenten eingeübt werden.
Da durch das vorangegangene Singen der Rhythmus des Liedes schon bekannt ist, ist bei dieser Notationsform die Länge der Pause unbedeutend; durch * soll lediglich veranschaulicht werden, dass an dieser Stelle nicht gespielt wird.

Add & play

Nach und nach werden die anderen Formteile der *Melodie-Stimme* (= Xylo 1) erarbeitet und *zusammengesetzt*. Nun ist unser Stück bereits »aufführungsreif« mit der Mitspiel-CD, einer Klavier-/Gitarrenbegleitung und/oder einer Rhythmus-Begleitung (siehe S. 68).
Die begabten Instrumentalisten in der Klasse können nun mit der zweiten oder dritten Stimme oder mit der Bass-Stimme betraut werden. Die Erarbeitung gelingt relativ zügig, da die Bausteine oft in Terzen geführt sind.

Vorbereitungen

Richtige Schlägelhaltung

Die Schlägel liegen in der lockeren Faust und werden mit dem Daumen und dem gekrümmten Zeigefinger gehalten. Die Stabspiele werden grundsätzlich mit zwei Schlägeln *im Wechselschlag* gespielt. (r = rechte Hand, l = linke Hand im Wechsel)

Richtige Spielhöhe

Stellt die Xylophone und Metallophone so auf, dass die Klangplatten etwa auf Gürtelhöhe liegen. Falls notwendig, nehmt die Klangplatten *waagerecht* aus ihrer Halterung.

Warming ups

Rechter Oberschenkel

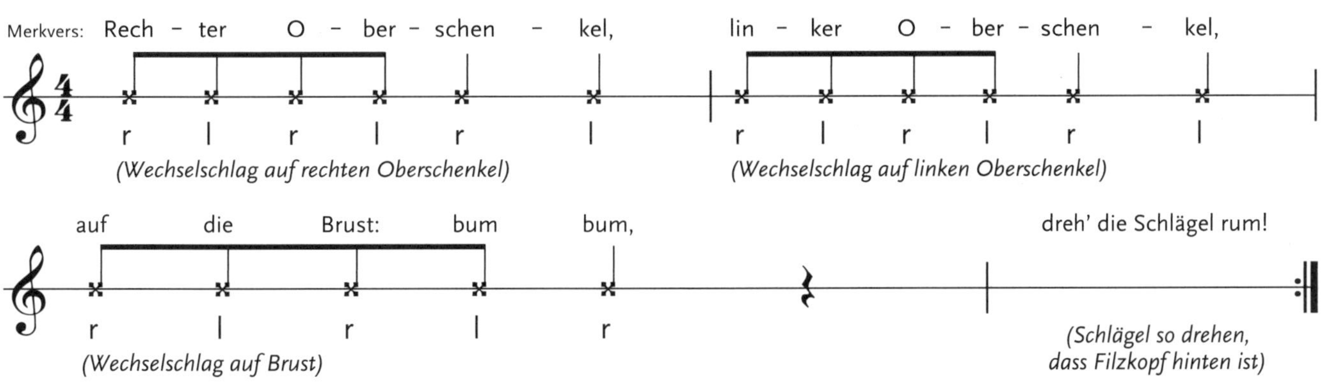

Retz Retz

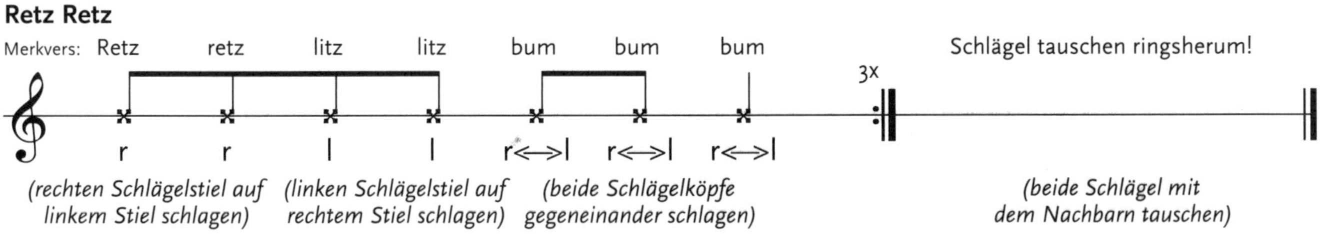

Re-Li-Reggae

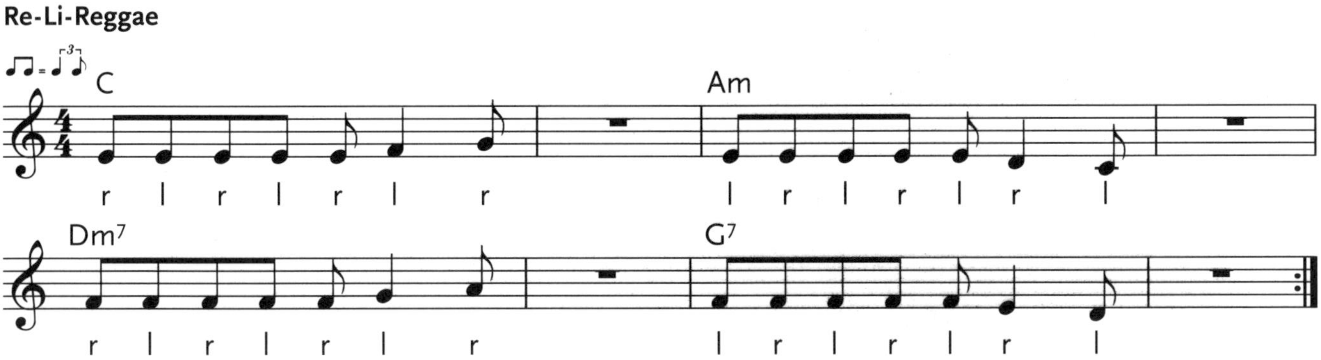

Ideen für Liedtexte

La Bamba (S. 8)

(Strophe) ‖: Wir machen heut' ›La Bamba‹,
dabei ist uns egal, was die andern tun;
Denn wir lieben ›La Bamba‹!
Wir wollen musizieren statt auszuruh'n! :‖

(Refrain) ‖: Oh, la Bamba, Bamba, das macht Spaß :‖

Tequila (S. 14)

(Teil A) ‖: Oh, lasst mir doch meine Ruhe,
ich möchte nach Hause geh'n! :‖

(Teil B) Ich will nicht rechnen und auch nicht schreiben
und auch nicht lesen. Hat das jeder jetzt kapiert? – Capito!

Oye como va (S. 20)

(Refrain) ‖: Schokoladeneis mit Sahne
und dazu Vanille – Banane! :‖

(Break) Isst du ihr gern Ananas- oder Zitroneneis oder lieber Kokosnuss – he?

La Cucaracha (S. 26)

(Refrain) ‖: La Cucaracha, La Cucaracha tanzt man gern in Mexiko.
La Cucaracha, la Cucaracha, das macht alle Leute froh. :‖

(Strophe) Dieses Lied macht gute Laune mit Trompete und Posaune.
Lasst es uns noch einmal singen, uns in gute Stimmung bringen.

Mambo Nr. 5 (S. 32)

(Bridge) ‖: Meer und Sonne und :‖ *(7x)* Meer.

(Refrain) Wir fahren nach Spanien an das Meer,
wir fahren nach Österreich trotz Verkehr.
Wir fahren zur Expo, das macht klug,
wir fahren zur Wellness, das tut gut.
Wir fahren nach London zu der Queen,
wir fahren zum Kanzler nach Berlin.
Wir fahren an jeden kleinen Fleck',
wir fahren – egal wohin – bloß weg!

Angelina (S. 38)

(Refrain) ‖: Angelina, Angelina, du bist eine Signorina
wie ich sie nirgendwo fand in keinem noch so fernen Land. :‖

(Strophe) Mit dem Schiff, da fuhr ich fort; sah mich um an jedem Ort.
Doch nun geb ich dir mein Wort:
Immer bleib' ich hier, denn du bist bei mir.
Niemals geh' ich mehr an Bord.

(Bridge) ‖: Angelina ist klasse, Angelina ist gut.
Angelina ist spitze, sie hat Power im Blut. :‖

Tchiou Tchiou (S. 44)

(Refrain) ‖: Eisgekühlte Coca Cola, Coca Cola, eisgekühlt.
Eisgekühlte Coca Cola, Coca Cola, eisgekühlt. :‖

(Strophe) Wenn die Sonne brütet, dass ich schwitze,
wenn ich warten muss vor'm heißen Grill,
wenn ich rennen musste in der Hitze,
gibt's nur eines, was ich wirklich will. Und das ist:

Moliendo Café (S. 50)

(Strophe) In meinem Zimmer sieht's chaotisch aus, soll Ordnung machen.
Die letzte »fünf« in Mathe baut mich auch nicht g'rade auf.
Und überhaupt gibt's in der Schule gar nicht viel zu lachen.
Wenn ich mal ehrlich bin, dann regt mich g'rade alles auf!

(Refrain) Eine Tasse Kaffee, die wird mir gut tun.
Eine Tasse Kaffee und kurz mal ausruh'n.
Eine Tasse Kaffee und dann geh' ich die Dinge an.

Borriquito (S. 56)

(Refrain) ‖: Borriquito, höre auf zu schrei'n!
Borriquito, du bist nicht allein!
Borriquito, gib doch endlich Ruh, keiner hört dir zu! :‖

(Strophe) ‖: In einer Hazienda in Mexikos Bergen
da hört man um viere schon eines der Tiere ganz fürchterlich schreien.
Das ist Borriquito, der törichte Esel.
Er glaubt, er wär' Sänger und möchte nicht länger ein Esel mehr sein. :‖

El Cumbanchero (S. 62)

(Refrain) Der Cumban-Cumban-Cumban-Cumbanchero
ist auf der Welt der beste Bongosero.
Wenn er Bongo spielt mit bloßer Hand
geraten alle außer Rand und Band;
darum ist er so bekannt.
Der Cumban-Cumban-Cumban-Cumbanchero
ist auf der Welt der beste Bongosero.
Wenn er Bongo spielt ist man gebannt,
will nur noch tanzen feurig und rasant;
und das raubt dir den Verstand!.

(Strophe) Mit seinem Rhythmus steckt er jeden an. *(Echo Metallophone: jeden an)*
Wer da nicht mit muss, ist ein armer Mann! *(armer Mann)*

La Bamba

Musik: Ritchie Valens
Arrangement: Thomas F. Paha

Hörbeispiel 1, 2, 14

Refrain

Coda

Form:

3x	2x	2x	2x	2x	2x	6x + fade
Intro	**Strophe**	**Refrain**	**Strophe**	**Refrain**	**Strophe**	**Coda**

La Bamba

Xylo 1

Intro

Strophe

Refrain

Coda

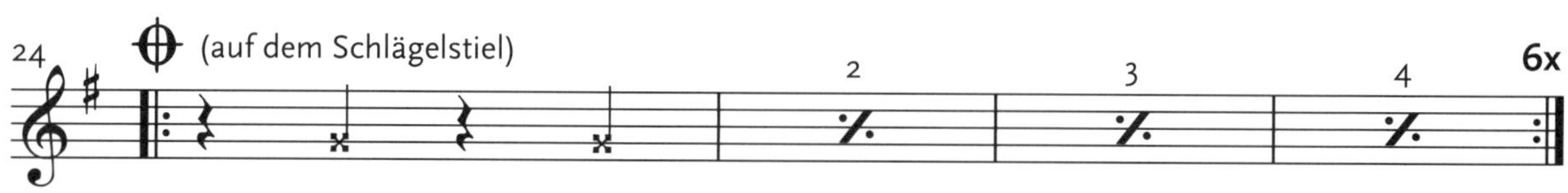

Form:

3x	2x	2x	2x	2x	2x	6x + fade
Intro	**Strophe**	**Refrain**	**Strophe**	**Refrain**	**Strophe**	**Coda**

La Bamba — Xylo 2

Form:

3x	2x	2x	2x	2x	2x	6x + fade
Intro	**Strophe**	**Refrain**	**Strophe**	**Refrain**	**Strophe**	**Coda**

Form:

3x	2x	2x	2x	2x	2x	6x + fade
Intro	Strophe	Refrain	Strophe	Refrain	Strophe	Coda

Intro

Strophe

Refrain

Coda

Form:

3x	2x	2x	2x	2x	2x	6x + fade
Intro	**Strophe**	**Refrain**	**Strophe**	**Refrain**	**Strophe**	**Coda**

Tequila

Musik: Chuck Rio
Arrangement: Thomas F. Paha

Hörbeispiel 3, 4, 15

𝅗𝅥 = 80
Intro

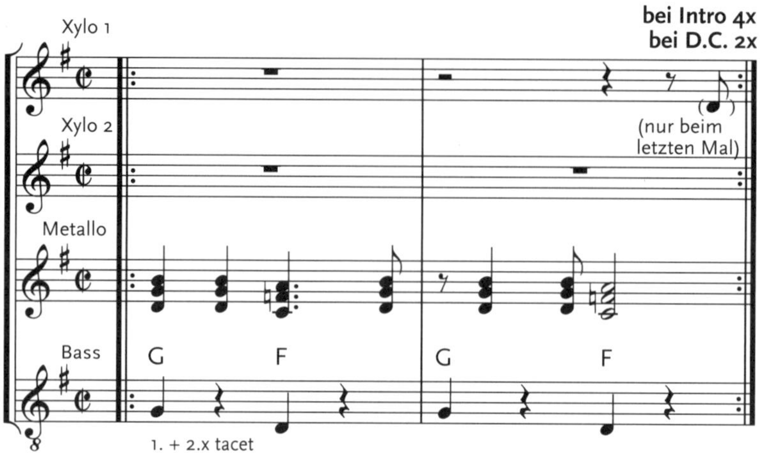

Die Akkorde sollen auf mehrere Spieler verteilt werden.

Teil A

Scala
for Solo

Teil B

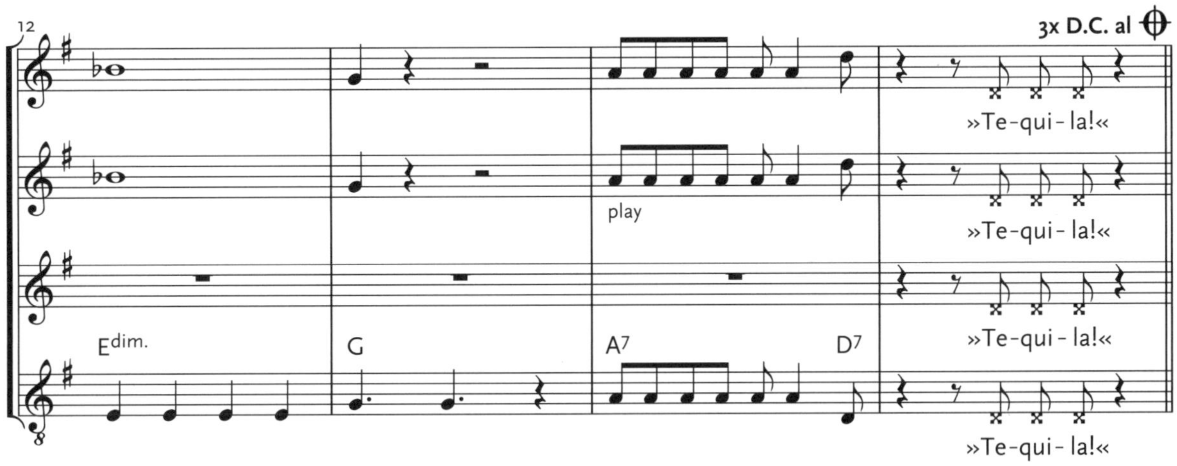

Coda

Form:

4x	2x			2x	2x			2x	2x			2x	2x			
Intro	Teil A	Teil B	:	Intro	Teil A	Teil B	:	Intro	Teil A	Teil B	:	Intro	Teil A	Teil B	:	Coda

Intro

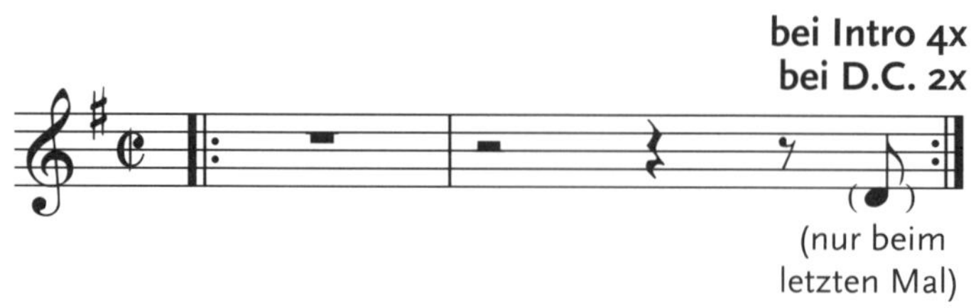

Teil A

Teil B

Coda

Skala für Solo

Form:

4x	2x		2x	2x		2x	2x		2x	2x		
Intro	Teil A	Teil B	Intro	Teil A	Teil B	Intro	Teil A	Teil B	Intro	Teil A	Teil B	Coda

Form:

4x	2x		2x	2x		2x	2x		2x	2x		
Intro	Teil A	Teil B	Intro	Teil A	Teil B	Intro	Teil A	Teil B	Intro	Teil A	Teil B	Coda

Die Akkorde sollen auf mehrere Spieler verteilt werden.

Form:

4x	2x		2x	2x		2x	2x		2x	2x		
Intro	Teil A	Teil B	Intro	Teil A	Teil B	Intro	Teil A	Teil B	Intro	Teil A	Teil B	Coda

Intro

Teil A

Teil B

Coda

Form:

4x	2x		2x	2x		2x	2x		2x	2x		
Intro	Teil A	Teil B	Intro	Teil A	Teil B	Intro	Teil A	Teil B	Intro	Teil A	Teil B	Coda

Oye como va

Musik: Tito Puente
Arrangement: Thomas F. Paha

Hörbeispiel 5, 6, 16, 17

♩ = 120

Intro

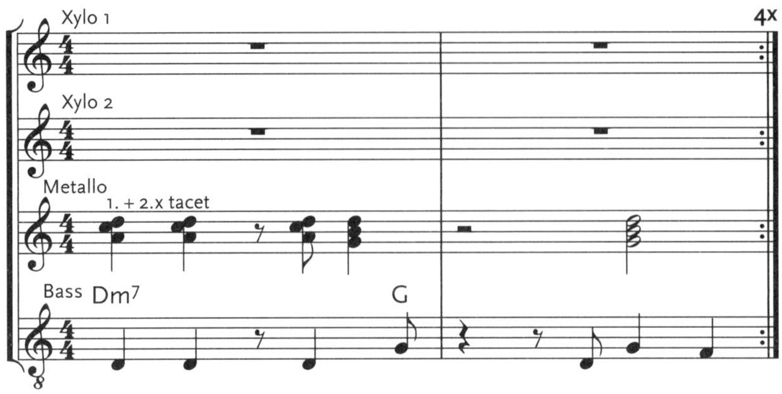

Die Akkorde sollen auf mehrere Spieler verteilt werden.

Break 1

Refrain

Break 2

Solo

Merkvers für Break 1

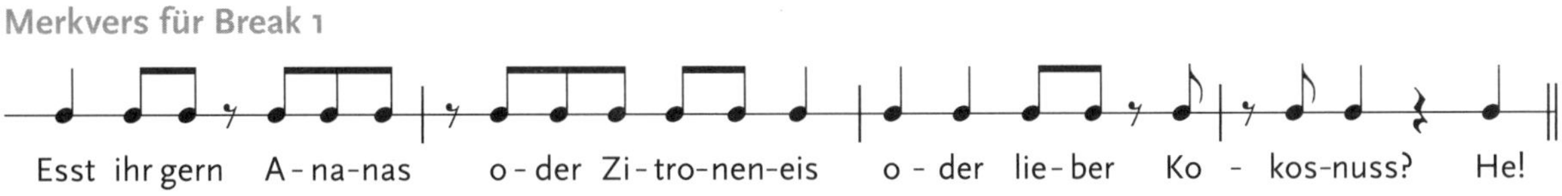

Hinweis:
Gut klingt der Solo-Teil mit einer »verzerrten Gitarre« oder einem ähnlich klingenden Sound eines Keyboards.

Form:

4x		2x		4x		2x		4x		2x		4x	
Intro	**Break 1**	**Re-frain**	**Break 2**	**Solo**	**Break 1**	**Re-frain**	**Break 2**	**Solo**	**Break 1**	**Re-frain**	**Break 2**	**Solo**	**Break 1**

Intro

Break 1

Refrain

Break 2

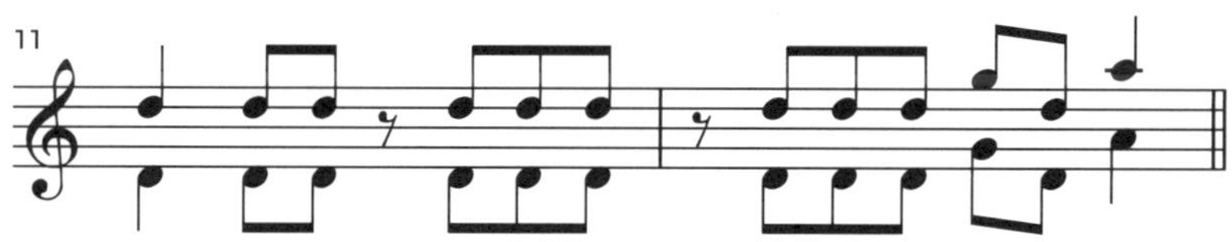

Solo

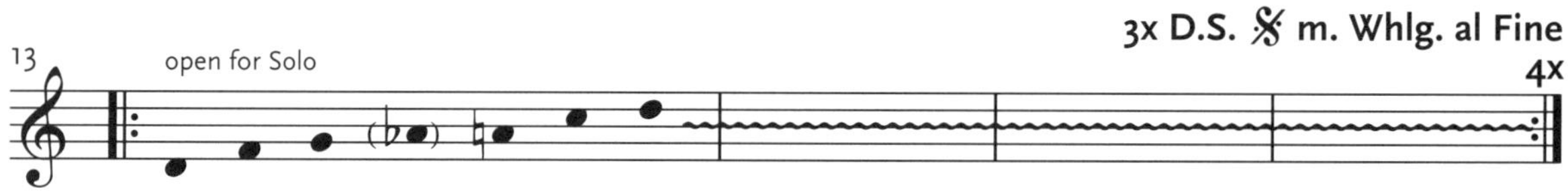

Form:

4x		2x		4x		2x		4x		2x		4x	
Intro	Break 1	Re-frain	Break 2	Solo	Break 1	Re-frain	Break 2	Solo	Break 1	Re-frain	Break 2	Solo	Break 1

Xylo 2

Intro

Break 1

Refrain

Break 2

Coda

Form:

4x		2x		4x		2x		4x		2x		4x	
Intro	Break 1	Re-frain	Break 2	Solo	Break 1	Re-frain	Break 2	Solo	Break 1	Re-frain	Break 2	Solo	Break 1

Oye como va

Metallo

Intro

Die Akkorde sollen auf mehrere Spieler verteilt werden.

Break 1

Refrain

Break 2

Coda

Form:

4x			2x		4x			2x		4x			2x		4x		
Intro	:	Break 1	Re-frain	Break 2	Solo	:	Break 1	Re-frain	Break 2	Solo	:	Break 1	Re-frain	Break 2	Solo	:	Break 1

Intro

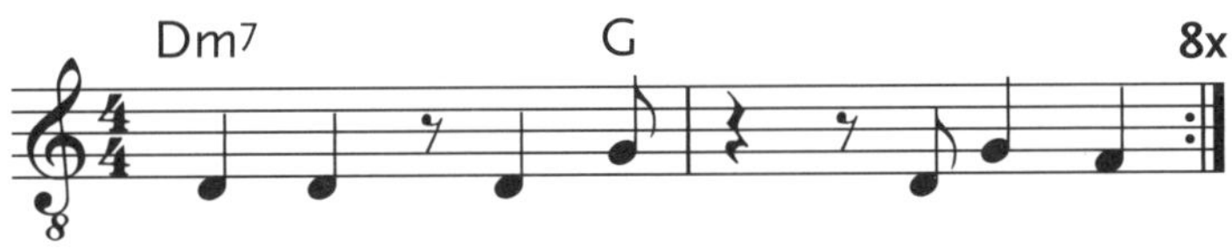

Break 1

Refrain

Break 2

Coda

Form:

4x		2x		4x		2x		4x		2x		4x	
Intro	Break 1	Re-frain	Break 2	Solo	Break 1	Re-frain	Break 2	Solo	Break 1	Re-frain	Break 2	Solo	Break 1

La Cucaracha

Musik: Trad. aus Mexiko
Arrangement: Thomas F. Paha

Hörbeispiel 7, 18

Strophe

Form:

	2x	2x		2x	2x		2x
Intro	Refrain	Strophe	Intro	Refrain	Strophe	Intro	Refrain

La Cucaracha

Xylo 1

Form:

	2x	2x		2x	2x		2x
Intro	Refrain	Strophe	Intro	Refrain	Strophe	Intro	Refrain

La Cucaracha

Xylo 2

Intro

Refrain

Strophe

Form:

	2x	2x		2x	2x		2x
Intro	Refrain	Strophe	Intro	Refrain	Strophe	Intro	Refrain

La Cucaracha

Metallo

Form:

	2x	2x		2x	2x		2x
Intro	Refrain	Strophe	Intro	Refrain	Strophe	Intro	Refrain

Intro

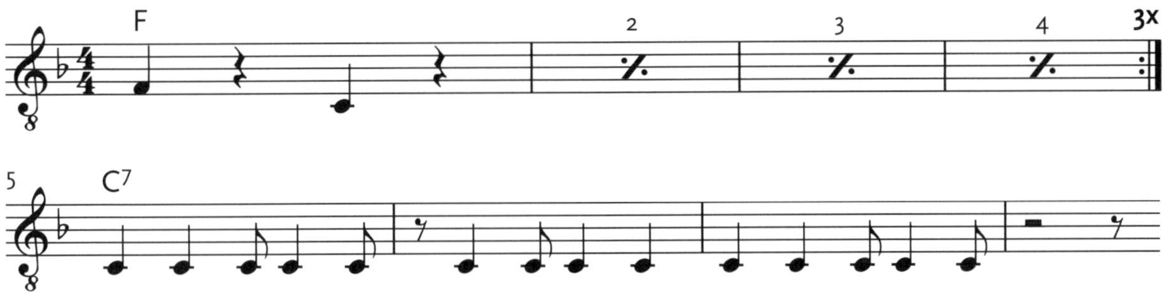

Refrain

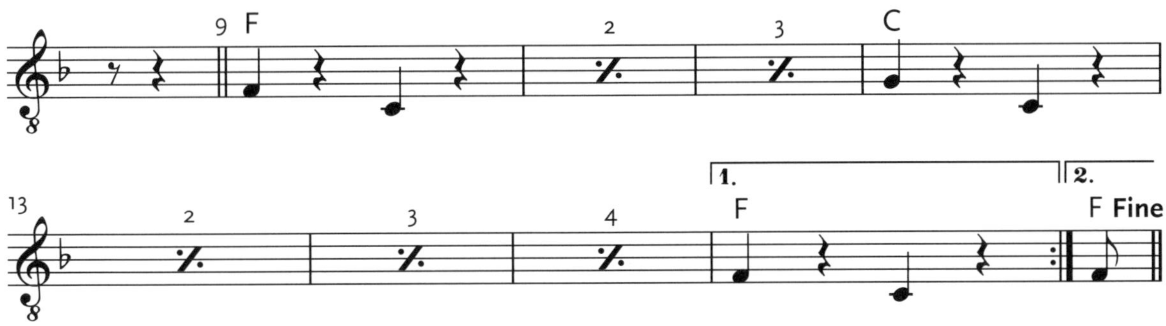

Strophe

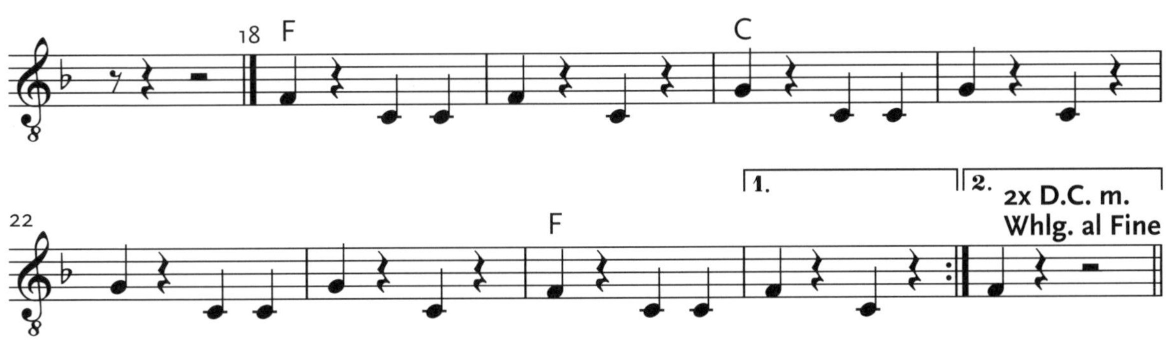

Form:

	2x	2x		2x	2x		2x
Intro	Refrain	Strophe	Intro	Refrain	Strophe	Intro	Refrain

Mambo Nr. 5

Musik: Perez Damaso Prado
Arrangement: Thomas F. Paha

Hörbeispiel 8, 19, 20

Form:

		2x	2x	2x	2x	2x	2x	2x
Intro	Break	Bridge	Refrain	Bridge	Refrain	Bridge	Refrain	Coda

Refrain
19
G7
C6
G7
24
1.
2.
2x D.S. 𝄋 mit Whlg. al Coda
C6
C6
Coda
29
Dm7
G7
Dm7
G7
Dm7
34
G7
Dm7
G7
C6
C9

Form:

Intro	Break	Bridge	Refrain	Bridge	Refrain	Bridge	Refrain	Coda
		2x	2x	2x	2x	2x	2x	2x

Form:

		:	2x	2x	:	2x	2x	:	2x	2x	:	2x
Intro	Break	:	Bridge	Refrain	:	Bridge	Refrain	:	Bridge	Refrain	:	Coda

Form:

		:	2x	2x	:	2x	2x	:	2x	2x	:	2x
Intro	**Break**	:	**Bridge**	**Refrain**	:	**Bridge**	**Refrain**	:	**Bridge**	**Refrain**	:	**Coda**

Form:

Intro	Break	Bridge	Refrain	Bridge	Refrain	Bridge	Refrain	Coda
		2x	2x	2x	2x	2x	2x	2x

Angelina

Musik und Text: Irving Burgie
Arrangement: Thomas F. Paha

Hörbeispiel 9, 21

Form:

	2x		2x		2x	2x	2x
Intro	Refrain	Strophe	Refrain	Strophe	Refrain	Bridge	Refrain

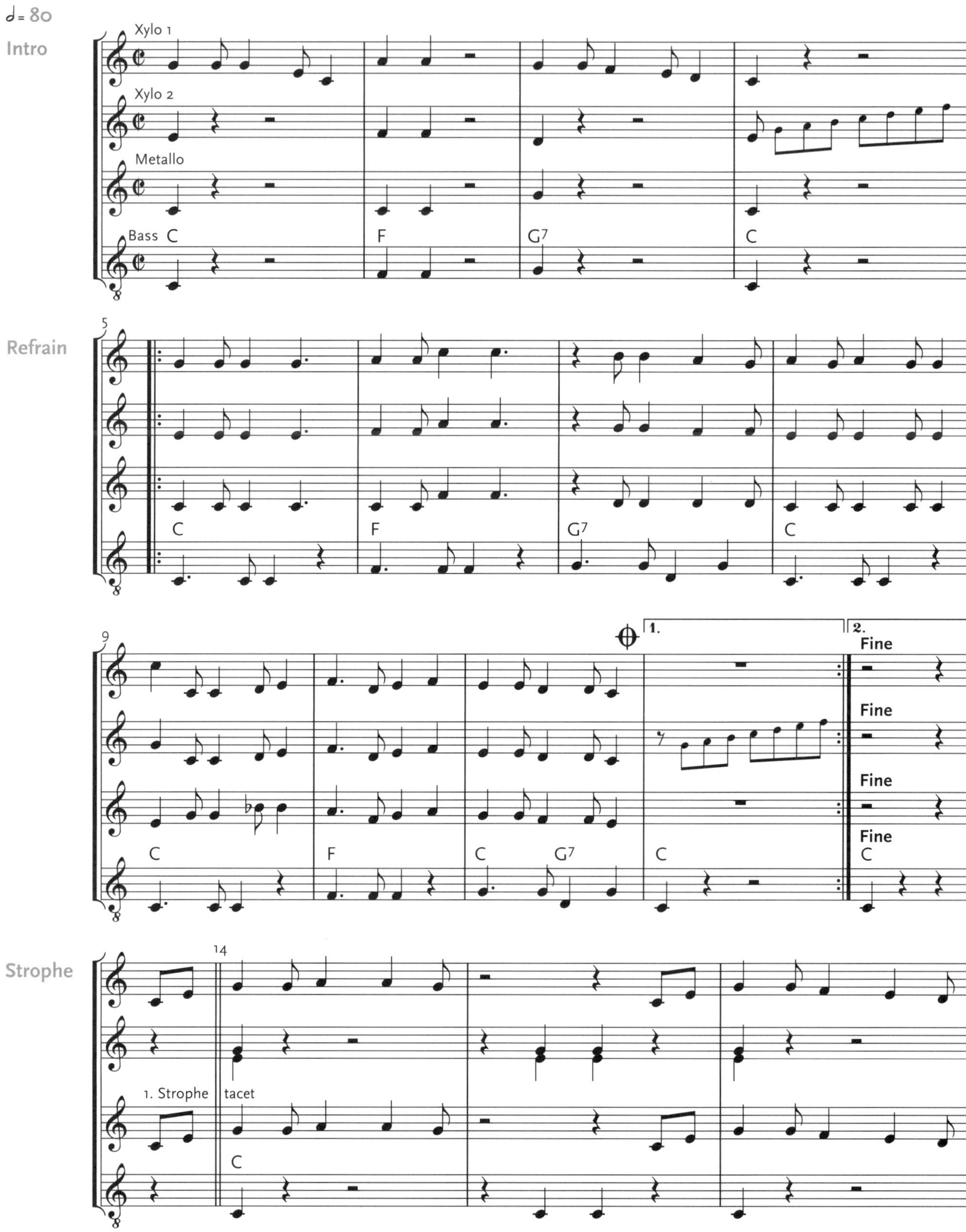

17
G7
C
C C7
21
2x D.S. 𝄋 m. Whlg. al 𝄌
F Dm
C G7 C
24
2.x 8va
C
C
F
C
G
29
1.
2.
D.S. 𝄋 m. Whlg. al Fine
C
F
G
C
C

Bridge

Angelina

Xylo 1

Form:

	2x		2x		2x	2x	2x
Intro	Refrain	Strophe	Refrain	Strophe	Refrain	Bridge	Refrain

Angelina

Xylo 2

Form:

	2x		2x		2x	2x	2x
Intro	Refrain	Strophe	Refrain	Strophe	Refrain	Bridge	Refrain

Angelina

Metallo

Form:

Intro	2x Refrain	Strophe	2x Refrain	Strophe	2x Refrain	2x Bridge	2x Refrain

Form:

	2x		2x		2x	2x	2x
Intro	Refrain	Strophe	Refrain	Strophe	Refrain	Bridge	Refrain

Tchiou Tchiou (Eisgekühlter Bommerlunder)

Musik: Nicanor Molinare

Hörbeispiel 10, 22, 23

Form:

2x	2x		2x		2x	2x
Intro	Refrain	Strophe	Refrain	Strophe	Refrain	Coda

𝅗𝅥 = 104

Intro

Refrain

Strophe

Coda

Intro

Refrain

Strophe

Coda

Form:

2x	2x		2x		2x	2x
Intro	Refrain	Strophe	Refrain	Strophe	Refrain	Coda

Tchiou Tchiou

Xylo 2

Form:

2x		2x			2x			2x	2x
Intro	:	Refrain	Strophe	:	Refrain	Strophe	:	Refrain	Coda

Form:

2x	2x		2x		2x	2x
Intro	Refrain	Strophe	Refrain	Strophe	Refrain	Coda

Form:

2x	2x		2x		2x	2x
Intro	Refrain	Strophe	Refrain	Strophe	Refrain	Coda

Moliendo Café

Musik: *José Manzo*
Arrangement: *Thomas F. Paha*

Hörbeispiel 11, 24

Form:

	2x		2x		2x	2x
Intro	Strophe	Refrain	Strophe	Refrain	Strophe	Coda

20
1.
2.
E7
Am
Refrain
26
Dm
G7
Cmaj7
30
2x D.S. m. Whlg. al
H7
Dm
E7
Dm6
E7/b9
Coda
34
1.
2.
2.x ff
ff
Am
E7
Am

Form:

	2x		2x		2x	2x
Intro	Strophe	Refrain	Strophe	Refrain	Strophe	Coda

Intro

Strophe

Refrain

Coda

Form:

	2x		2x		2x	2x
Intro	Strophe	Refrain	Strophe	Refrain	Strophe	Coda

Form:

	2x		2x		2x	2x
Intro	Strophe	Refrain	Strophe	Refrain	Strophe	Coda

Form:

	2x		2x		2x	2x
Intro	Strophe	Refrain	Strophe	Refrain	Strophe	Coda

Borriquito

Musik und Text: Calaf Peret
Arrangement: Thomas F. Paha

Hörbeispiel 12, 25

Form:

	2x	2x	2x	2x	2x
Intro	Refrain	Strophe	Refrain	Bridge	Refrain

Bridge

21
3
tr
F
26
D.S. 𝄋 m. Whlg. al 𝄌
C
32
Chorus ad lib.
G7
C
36
D.S. 𝄋 m. Whlg. al Fine
G7
C

Form:

	2x	2x	2x	2x	2x
Intro	Refrain	Strophe	Refrain	Bridge	Refrain

Form:

	2x	2x	2x	2x	2x
Intro	Refrain	Strophe	Refrain	Bridge	Refrain

Intro

Refrain

Strophe

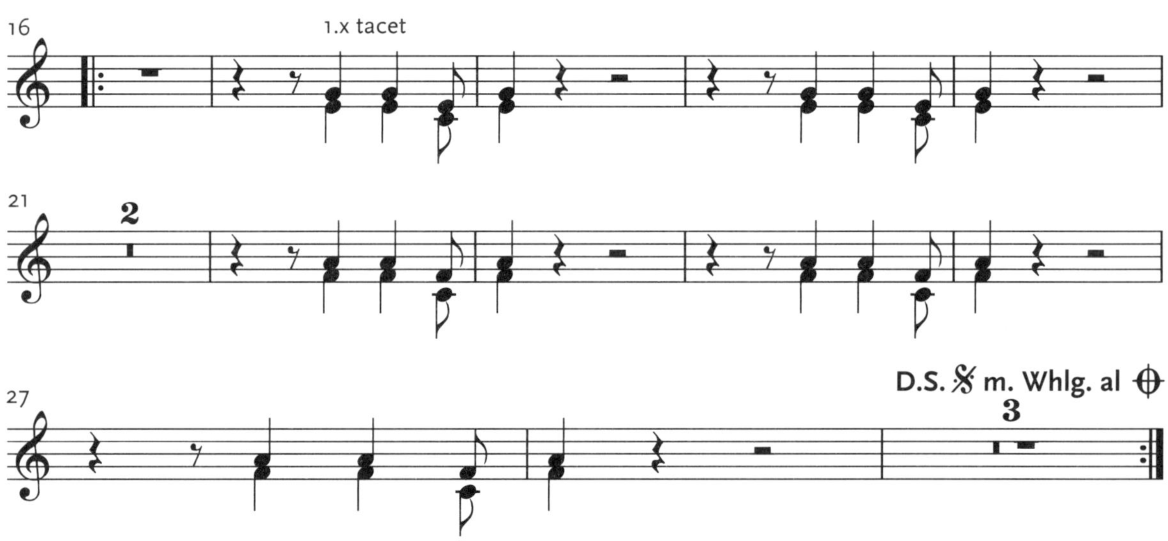

Bridge

Form:

	2x	2x	2x	2x	2x
Intro	Refrain	Strophe	Refrain	Bridge	Refrain

Form:

Intro	2x Refrain	2x Strophe	2x Refrain	2x Bridge	2x Refrain

El Cumbanchero

Musik: Marin Rafael Hernandez
Arrangement: Thomas F. Paha

Hörbeispiel 13, 26

Form:

(2x) 2x	2x		2x		2x	
Intro	Refrain	Strophe	Refrain	Strophe	Refrain	Coda

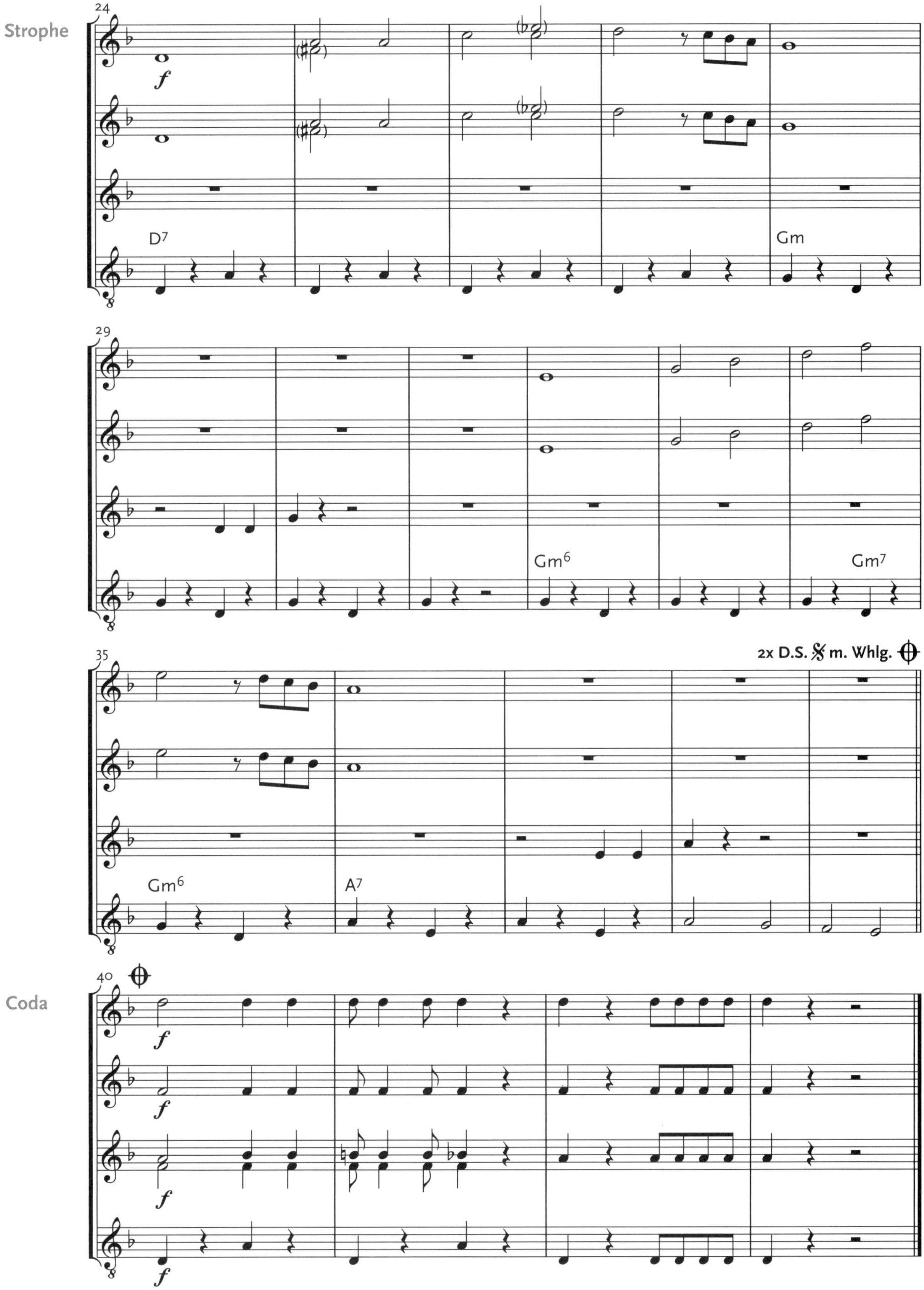
Strophe
24
D7
Gm
29
Gm6
Gm7
35
2x D.S. m. Whlg.
Gm6
A7
40
Coda

Form:

(2x) 2x	2x		2x		2x	
Intro	Refrain	Strophe	Refrain	Strophe	Refrain	Coda

El Cumbanchero

Xylo 2

Form:

(2x) 2x	2x		2x		2x	
Intro	**Refrain**	**Strophe**	**Refrain**	**Strophe**	**Refrain**	**Coda**

Achtung Umbau

- ➛ D''-Stab entfernen
- ➛ H ➛ C''-Stab entfernen, dafür H-Stab einlegen
- ➛ B♭ ➛ (H-Stab ist bereits verrückt) dafür B♭-Stab einlegen

Form:

(2x) 2x	2x		2x		2x	
Intro	Refrain	Strophe	Refrain	Strophe	Refrain	Coda

El Cumbanchero **Bass**

Form:

(2x) 2x	2x		2x		2x	
Intro	Refrain	Strophe	Refrain	Strophe	Refrain	Coda

Rhythmusbegleitungen

Alle Begleitungen sind aus zweitaktigen Patterns zusammengesetzt. Diese können bis zum Break oder bis zum Ende eines Abschnittes wiederholt werden. Nach einem kurzen »Stopp« beginnen sie von vorne.
Jedes Pattern ist so angelegt, dass »Haltepunkte« für eine klare und prägnante Struktur sorgen. Das hilft euch im Metrum zu bleiben oder wieder schnell hineinzufinden.
Jedes Pattern sollte möglichst von mehreren Schülerinnen und Schülern gespielt werden.

Begleitung 1

geeignet für:
- La Bamba ♩ = 160
- Tequila 𝅗𝅥 = 80
- Angelina 𝅗𝅥 = 80
- Borriquito ♩ = 152

Begleitung 2

geeignet für:
- Oye como va ♩ = 120

Begleitung 3

geeignet für:
- La Cucaracha ♩= 160
- El Cumbanchero 𝅗𝅥= 100

Begleitung 4

geeignet für:
- Mambo Nr. 5 𝅗𝅥= 76
- Tchiou Tchiou 𝅗𝅥= 104
- Moliendo Café 𝅗𝅥= 92

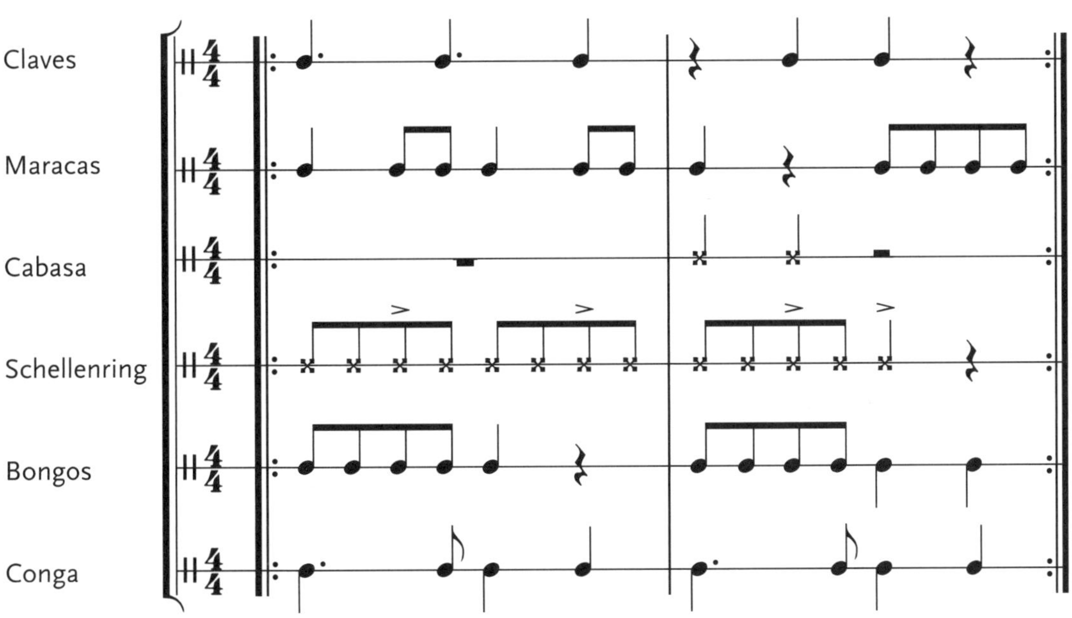

Informationen zu den Stücken

La Bamba

In Mexiko wird das bekannte Volkslied »La Bamba« u.a. von Mariachi-Bands und häufig anlässlich von Hochzeiten gespielt. Es wurde in der Rock 'n' Roll-Version von Ritchie Valens (1941–1959) zu einem Hit und weltweit bekannt. Valens war ein Chinano, ein US-Bürger mexikanischer Herkunft, der kein Spanisch sprechen konnte. 1959 starb er mit nur 17 Jahren bei einem Flugzeugabsturz zusammen mit den Musikern Buddy Holly und The Big Bopper. Am Abend vor dem Unglück hatte das Trio »La Bamba« noch bei der »Winter Dance Party« in Clear Lake gespielt.
Das Leben von Ritchie Valens wurde 1987 unter dem Titel »La Bamba« verfilmt.
»La Bamba« wurde für den Film von der mexikanischen Gruppe Los Lobos aufgenommen und gelangte in die Charts. Es war der erste Titel in spanischer Sprache, der auf Platz Nr. 1 kam.
Es existieren weitere Versionen des Liedes von The Tokens, Trini Lopez, den Gipsy Singers, Helmut Lotti und James Last.

Tequila

Der Song wurde 1957 von dem Saxophonisten, Keyboardspieler und Sänger Daniel Flores (Pseudonym: Chuck Rio) geschrieben und basiert auf einer Bühnenimprovisation des Flores-Trios. Der Titel wurde als zunächst lediglich als »Nachgedanke« aufgezeichnet, um eine Aufnahmesitzung im Tonstudio abzurunden. »Tequila« erschien 1958 auf der B-Seite der Single »Train to nowhere« und wurde 1958 in der instrumentalen Fassung zum Nr. 1-Hit.
Weitere Versionen existieren von Henry Mancini, King Curtis, The Challengers, Wes Montgomery, Leningrad Cowboys, Leslie West, The Preluders und The Champs.

Oye como va

Das Stück wurde von dem legendären Salsa- und Latin-Jazz-Komponisten Tito Puente (1923–2000) geschrieben. Punte war puertoricanischer Abstammung, spielte Saxophon, Klavier, Schlagzeug, Congas und Bongos, arrangierte Stücke und nahm über 100 Alben auf. Er gründete im Alter von 25 Jahren das Orchester The Picadilly Boys, das später in The Tito Puente Orchestra umbenannt wurde. 1956 wurde von ihm »Ran Kann Kann« produziert, und 1964 folgte sein weltweit bekanntester Klassiker »Oye como va«. 1968 erhielt er seine eigene TV-Show mit dem Namen »The World of Tito Puente«, und ein Jahr später nahm er vom New Yorker Bürgermeister eine Medaille für seine Verdienste als Botschafter der lateinamerikanischen Unterhaltungsmusik entgegen. 1979 bekam er seinen ersten Grammy Award und konzentrierte sich vermehrt auf experimentelle Latin-Jazz-Musik.
»Oye como va mi ritmo, bueno pa' gozar mulata?« also: »Spürst du, wie mein Rhythmus in die Beine geht, mein Mädchen?«, fragt Tito Puente und 1968 auch Carlos Santana, dessen Version des Songs 1971 in den US-Charts den 13., in der BRD-Hitparade den 29. Platz belegte.
»Oye como va« wurde auch später nochmals aufgenommen, u.a. von Tito Puente Jr. (1996), Lex Vandyke (1999), Los Joao (2000), Lemon (2001) und Professor Angel Dust feat. DA PH Force (2002).

La Cucaracha

Das mexikanische Volkslied geht auf die Zeit zu Beginn der mexikanischen Revolution (1910) zurück. »La cucaracha« heißt Kakerlake. Diese Tiere treten etwa so häufig auf wie die Stubenfliegen in Europa. Der ursprüngliche Text lautet: »La cucaracha, la cucaracha, ya no puede caminar, porque no tiene, porque le falta, marihuana que fumar«. (»Die Kakerlake, die Kakerlake, will nicht mehr weitergehen, weil sie nicht hat, weil ihr fehlt, Marihuana zum Rauchen«). Der fröhlich-ungezwungene Umgang mit einer illegalen Droge erschien den Behörden nicht passend, und so wurden mittlerweile die letzten zwei Zeilen holprig umgetextet: »... porque no tiene, porque le falta, dinero para gastar«. (... die Kakerlake kann nicht weitergehen, weil sie kein Geld mehr zum Ausgeben hat«).
Die Fußsoldaten des Revolutionsführers Emilio Zapata, die aus überwiegend armen Leuten bestanden, wurden auch als ›Cucarachas‹ bezeichnet. Man titulierte sie herablassend als ›Kakerlaken‹; ein Name, den sie später als Ehrennamen verwendeten, denn wie Kakerlaken waren auch die Cucarachas nicht »tot zu kriegen«.
Nach einer anderen Theorie wurde mit »Cucaracha« auch ein Auto bezeichnet, das nicht weiterfahren konnte, weil das Benzin ausgegangen war: Der Text lautete: »La Cucaracha no puede caminar, porque le falta gasolina para andar«. Das Lied wurde vielfach adaptiert (Chöre, Blasmusikkapellen).

Mambo No. 5

Das (vermutlich kreolische) Wort Mambo beschreibt den Begriff eines religiösen Gespräches (z.B. mit Göttern) oder einer heiligen Handlung. Es stammt aus dem afrikanisch geprägten Kuba. Damaso Perez Prado (geb. 1916) war einer der einflussreichsten Pop-Orchester-Bandleader der frühen 50er-Jahre und gilt als

»König des Mambo«. Er entwickelte seine Auffassung des Mambo-Rhythmus bereits gegen Ende des Zweiten Weltkrieges in Havanna/Kuba. Für ihn war der Mambo »rhythmischer und swingender als die Rumba«. 1948 ging PRADO nach Mexiko, wo er als Filmmusikkomponist, Dirigent und Schauspieler wirkte. Seine Platten, die er dort mit dem kubanischen Sänger BENY MORÉ aufnahm, wurden so populär, dass er einen Vertrag mit RCA für internationale Vermarktung erhielt. Die erste Aufnahme, die er 1949 für dieses Label machte, mündete in die 78er-Platte mit den beiden Stücken »Que rico el mambo« und »Mambo No. 5«. Die Platte wurde ein Hit und mit ihr begann auch das Mambo-Fieber in allen Schichten Amerikas, das sich nicht nur mit den mitreißenden Rhythmen und Bläsereinwürfen erklären lässt, sondern auch damit, dass der Mambo einfach zu tanzen ist. 1954, im »Jahr des Mambo«, wurde der Film »Mambo« mit mehreren Titeln von PRADO als Soundtrack gedreht. Die »Mambo No. 5«-Version von LOU BEGA (geb. 1975) war im Sommer 1999 in den meisten europäischen Hitparaden eine Nummer 1 und erreichte selbst in den USA Platz 3. Das Motto dieses Musikers zum Mambo ist: »Ich möchte, dass ihr mit mir groovt und swingt, dass ihr mit mir lacht und singt. Geht mit mir nach draußen, um an der frischen Luft zu tanzen, um die Sterne funkeln zu sehen und die Wärme zu spüren, die die Sonne vom Tag hinterlassen hat«.

Angelina

Der Song wurde von IRVING BURGIE (geb. 1926) geschrieben. Er machte sich als Komponist klassischer Calypso-Stücke wie »Day-O«, »Island in the sun« und »Jamaica farewell« einen Namen (Pseudonym: LORD BURGESS) und schrieb acht der elf Songs, die HARRY BELAFONTE 1956 mit seinem Album »Calypso«, dem ersten Album in den USA, den Weg bereitete. BURGIE schrieb weitere 28 Songs, die von BELAFONTE aufgenommen wurden. HARRY BELAFONTE (geb. 1926) begann seine Karriere zunächst als Barsänger und Schauspieler, bis es ihm gelang, mit Calypsomelodien die Könige des Rock 'n' Roll von den ersten Plätzen der Hitlisten zu verdrängen. Sein Bühnenprogramm enthält alles, was das Showbusiness zu bieten hat – von internationaler Folklore über das Musical bis zur qualifizierten Swingmusik – was sich auch im kommerziellen Erfolg seiner Platten niederschlägt: Über 150 Millionen verkaufter Tonträger und über 40 Spielfilme festigten eine Weltkarriere, die sich allenfalls noch mit der von FRANK SINATRA oder ELVIS PRESLEY vergleichen lässt.
HARRY BELAFONTE war von Beginn seiner Karriere an politisch engagiert. Als Freund und Weggefährte MARTIN LUTHER KINGS begann er, sich weltweit für die Friedensbewegung und gegen Rassismus einzusetzen, für die Indianerbewegung in den USA und gegen die Apartheid in Südafrika. Er protestierte gegen den Vietnamkrieg ebenso wie gegen das Regime des chilenischen Diktators Pinochet und in Deutschland sang er gegen die Aufstellung neuer Raketen, mit MIRIAM MAKEBA und JOAN BAEZ für mehr Gerechtigkeit in der Welt.
1987 wurde er Unicef-Botschafter und setzte sich für eine weltweite Impfkampagne des UN-Kinderhilfswerks ein. Zuletzt erhielt er den »Nelson Mandela Courage Award«. Der Text des Liedes lautet:

»Angelina, Angelina,
please bring down your concertina
and play a welcome for me
'cause I've been coming home from sea.«

Tchiou Tchiou

Der chilenische Komponist NICANOR MOLINARE (1896–1956) komponierte den Titel im Jahr 1942. Das Stück war Bestandteil der Filmmusik zu dem Film »You were never lovelier« mit RITA HAYWORTH und FRED ASTAIRE. Der Text des Liedes, das in der deutschen Version unter »Eisgekühlter Bommerlunder« bekannt geworden ist, lautet:

»Canta, canta, pájarito,
canta, canta tu canción,
¡canta, que la vida es triste
y tu cantar me alegra el corazón!
Chiu, chiu, chiu, chiu,
chiu, chiu, chiu, cho,
¡canta, canta, pájarito,
que tu cantar me alegra el corazón!
Con tus gorjeos,
con tu trinar,
despierta el alba,
¡la noche ya se va!
Avecita de los campos,
pájaro madrugador,
¡ven y cántale a mi niña!
¡Despiértala antes que salga el sol!
Antes que cante la diuca,
antes que cante el zorzal,
el chincol nos ha cantado,
¡chiu, chiu, sin cesar!

Moliendo Café

Die berühmte Rumba wurde von dem kubanischen Bossa-Nova-Komponisten JOSÉ MANZO (PERRONI) im Jahr 1959 geschrieben. Es gibt unzählige Versionen des

Liedes. Hier eine Auswahl: Azúcar Moreno, Pérez Prado, Graciella y Machito, Javier Solis, Lucho Gatica, Ramón Romero, Willy Rodriguez Jazz Quartett, Carlos Guedes, Claudia Gomez, Ricardo Montaner, Digno Garcia, Placido Domingo, Daniel Huezo, El Fabuloso Aldemaro y Onda Nueva, Maria Rivas, Emilio José, Ismael Rivera, Olivia Molina, Omar Bashir, Sonoc de la Tunas, Grupo Barlovento, Gerardo Rosales, Vientos del Pueblo, Santos Bonacci.
Der Originaltext lautet:

Quando la tarde languidece
renacen las sombras,
y en la quietud de los cafetales
vuelven a sentir
esta triste cancíon de amor
de la vieja molienda,
en el letargo de la noche parece decir.

Una pena de amor,
una tristeza,
lleva el zambo Manuel
en su amargura,
pasa incansable la noche
moliendo café.

Borriquito

Der Titel wurde 1971 von dem Sänger und Gitarristen Pedro Pubill Calaf (Künstlername: Toni Peret, geb. 1935) komponiert. Peret entwickelte einen eigenen musikalischen Stil, indem er kubanische Rumbas und Sones, Mambo und andere lateinamerikanische/karibische Stile sowie Rock 'n' Roll mit Flamenco mischte. Er wird daher auch »König der Zigeuner-Rumba« genannt. Der Beginn des Liedes lautet: »Borriquito como tu (Tu-Ru-Ru), que no sabes ni la U (Tu-Ru-Ru), borriquito como tu (Tu-Ru-Ru)« (Eselchen wie du, der du nicht mal das U kennst, Eselchen wie du, ich weiß mehr als du«.
Es existiert eine deutsche Version des Liedes von REX GILDO.

El Cumbanchero

Das Lied wurde 1943 von dem puertoricanischen Komponisten Rafael Hernández (1892–1965) geschrieben. Hernández begann in den 20er-Jahren zu komponieren und gründete das Trio Borinaco sowie das Cuarteto Victoria. Mit beiden Gruppen bereiste Hernandez die USA, Lateinamerika, Mexiko, Kuba und vor allem Puerto Rico. Nach einigen Jahren in Mexiko wurde er Direktor des Puerto Rican Symphony Orchestra und musikalischer Berater des nationalen Radiosenders.
Zu seinen über 3000 Kompositionen gehören auch Weihnachtsmusiken, Danzas, Zarzuelas, Guarachas, Boleros und Walzer. Von Präsident John F. Kennedy wurde Hernández »Herr Cumbanchero« getauft.
Das Land Puerto Rico ehrte ihn, indem es öffentliche Gebäude, Alleen, Schulen und den Flughafen der Hauptstadt nach ihm benannte.